Alexander Dugin
über die junge Generation,
die Moderne und die Religion

Ein Interview von Lauren Southern und
Brittany Pettibone

© 2019 Lauren Southern, Brittany
Pettibone

Herstellung und Verlag
BoD™ – Books on Demand GmbH,
Norderstedt

ISBN: 9 7837 49 431779

Inhalt

Einführung

Alexander Dugin, russischer Philosoph und politischer Denker, kritisiert die moderne westliche Gesellschaft von ihren Wurzeln her! Nach seiner Überzeugung sind die Grundlagen der heutigen westlichen Lebensart: Individualismus und Liberalismus, falsch und verwerflich. Beides entspringt der s.g. Moderne und die Moderne ist für Alexander Dugin nichts als eine große Katastrophe, mit verheerenden Folgen.

Über seine umfangreichen und tiefgehenden Überlegungen wird im Westen nur selten berichtet und wenn es doch geschieht, dann zumeist in negativer, abwertender Art und Weise. Eine sachliche, inhaltliche Auseinandersetzung mit seinen Schlussfolgerungen und Argumenten, findet nicht statt. Der intellektuelle und akademische Mainstream im Westen, fühlt sich von Alexander Dugin im eigenen Selbstverständnis zu sehr angegriffen.

Umso bemerkenswerter ist die Initiative von Lauren Southern und Brittany Pettibone. Sie hatten den Mut, mit Alexander Dugin ein Interview zu führen und ihm so die Möglichkeit zu geben, seine Sicht der Dinge ausführlich darzustellen. Im Mai 2018 sind die beiden Journalistinnen dazu nach Moskau gereist. Das lange Gespräch, in dem Alexander Dugin alle Fragen ausführlich beantwortet, ist als Video auf YouTube veröffentlicht:

https://www.youtube.com/watch?v=sl2--OHvxK4

Weil das Interview auf Englisch geführt wurde, ist die hier vorliegende, deutsche Übersetzung entstanden, um die wichtigen Gedanken und Überlegungen des russischen Philosophen, auch den Menschen zugänglich zu machen, die sich mit dem englischen Originaltext möglicherweise ein wenig schwertun. Es wurde darauf geachtet, eine inhaltlich weitgehend authentische Übersetzung zu gewährleisten und zu gleich einen gut lesbaren deutschen Text zu gestalten.

Die von Lauren Southern in einem separaten Video vorgenommene, persönliche Einführung zum Interview und die darin enthaltene Vorstellung von Alexander Dugin, ist ebenfalls übersetzt worden und wird dem Interviewtext unter der Überschrift: „Wer ist Alexander Dugin?", vorangestellt.

Bei der Übersetzung der Einführung wurden die Ausführungen der Autorin an einigen Stellen behutsam gekürzt. Die Einführung ist ebenfalls als Video auf YouTube veröffentlicht:

https://www.youtube.com/watch?v=8nzUMsN0I58

Informationen zu den Personen

Alexander Dugin wurde am 7. Januar 1962 in Moskau geboren. Seine Mutter war Galina Viktorowna Dugina (1937-2000), promovierte Ärztin, und sein Vater war Gelij Alexandrowitsch Dugin (1935-1998), Generalleutnant im Geheimdienst.

Er selbst ist Doktor der Soziologie und besitzt akademische Abschlüsse im Bereich der Philosophie. Bis 2014 unterrichtete er an einer Universität in Moskau, er ist seit vielen Jahren in unterschiedlicher Weise akademisch und politisch aktiv.

Alexander Dugin ist verheiratet, hat zwei Kinder, und eine Enkeltochter.

Seine philosophische Perspektive entwickelt sich durch Studien im Religiösen Traditionalismus, im Konservatismus, in der Hermetik und der Poesie. Europäische Autoren aus dem Mittelalter und der Renaissance stehen ebenso in seinem Interesse wie Orientalistische Studien.

Seit 1982 arbeitet er unter anderem als Übersetzer für Englisch, Französisch und Deutsch in einigen Instituten und übersetzte auch Werke von Julius Evola und René Guénon.

A. Dugins deutschen Veröffentlichungen:

> Die Vierte Politische Theorie <
Arktos Verlag, 2013

> Konflikte der Zukunft. Die Rückkehr der Geopolitik. <
BONUS-Verlag, 2014

Lauren Cherie Southern wurde 1995 in British Columbia / Canada geboren. Sie ist eine konservative politische Aktivistin, Webvideo-Produzentin, Autorin und Journalistin.

Besondere Aufmerksamkeit erreichte sie 2018 mit ihrem Dokumentarfilm „Farmlands", in dem die sehr schwierige Situation von weißen Farmern im heutigen Südafrika von ihr thematisiert wird.

Brittany Alicia Merced Pettibone wurde 1992 in Kalifornien / USA geboren. Sie ist eine konservative politische Aktivistin, Webvideo-Produzentin, Autorin und Journalistin.

Besondere Aufmerksamkeit erreichte sie in den USA besonders durch ihre Unterstützung von Donald Trump im Präsidentschaftswahlkampf 2016.

Wer ist Alexander Dugin?

Mein erstes Video über Russland benötigt eine kurze einleitende Erklärung, bevor wir uns darauf einlassen. Einer der Hauptgründe, warum ich nach Russland gereist bin, war, dass ich eine Vorstellung von der Philosophie und den Ideen dort gewinnen wollte, die sich von denen des Westens unterscheiden. Und ich dachte, einer der besten Wege, das zu erreichen, ist, mit einem Philosophen namens **Alexander Dugin** zu sprechen.

Bei denjenigen, die mit den inneren Zirkeln des politischen Denkens vertraut sind, wird beim Namen Dugin sicher sofort eine Glocke läuten. Vielleicht sogar ein paar Alarmglocken, da der Mann als ein sehr gefährlicher Denker bekannt ist. Sogar unter denen, die behaupten, dass sie die freie Meinungsäußerung sowie freie Gedanken und Diskussionen lieben, ist Dugin so etwas wie ein Unberührbarer.

Bereits das dritte Suchergebnis, dass bei Google erscheint, wenn man nach Alexander Dugin sucht, lautet: "Der gefährlichste Philosoph der Welt." Und ich sage das alles nicht nur zum Spaß.

In meinem Bemühen, Alexander Dugin zu verstehen, habe ich versucht mit einigen Akademikern zu sprechen, Personen, die seine Arbeiten ins Englische übersetzt haben. Und als ich mich mit diesen Leuten traf, warnten sie mich vor den verheerenden Auswirkungen, denen sie begegneten waren, als sie den Mann einfach nur studierten, ihm nicht einmal zustimmten, ihm sogar widersprachen. Allein die Tatsache, dass sie sich mit Dugin befassten und über ihn berichteten, zerstörte ihre intellektuellen Karrieren.

Ich hatte politische Berater und Leute, die ich in Washington DC kenne, sie kontaktierten mich und sagen: Lauren, was auch immer du tust, bitte veröffentliche dieses Interview nicht, um deiner Karriere willen. Niemand wird sich mit dir abgeben, oder auch nur mit dir reden wollen, wenn du Dugin Videos veröffentlichst.

Ich würde mir wünschen, dass das alles nur Spaß wäre, das ist es aber leider nicht. Und ich weiß, dass die Leute, die mich vor dem Gespräch mit Alexander Dugin gewarnt haben, alle nur mein Bestes im Auge hatten.

Auf Nummer Sicher zu gehen, war aber nie mein Stil. Und ich habe immer fest daran geglaubt, dass wir nicht wissen können, ob jemand etwas Falsches sagt, bevor wir seine Ideen überhaupt kennen. Und dabei ist es mir egal, ob sie vom linken oder vom rechten politischen Flügel stammen und es ist mir egal, ob ich ihnen zustimme, oder nicht. Wenn die Presse sich weigert, die Ideen zu veröffentlichen, bin ich umso mehr gespannt, was diese Person zu sagen hat.

Also werde ich das lange Interview, das Brittany Pettibone und ich, mit Professor Dugin in Moskau geführt haben, veröffentlichen. Aber bevor wir zum Interview kommen, möchte ich erklären, warum die Leute diesen Mann so sehr fürchten. Ich habe ja nun einige Spannung wegen des Interviews aufgebaut und möchte jetzt auch die Gründe dafür nennen.

Alexander Dugin wurde mit vielen unterschiedlichen Etiketten versehen: Putins Gehirn, ein Kommunist, ein Verrückter. Ich habe sogar Online-Diskussionen gesehen, in denen er als der Jordan Peterson* von Russland bezeichnet wird. Interessant dabei ist, dass Dugin gegenüber Russland zwar genauso auftreten mag, wie Peterson gegenüber dem Westen, Dugin ist aber, meiner Meinung nach, geradezu ein Anti-Peterson Philosoph. Seine Überlegungen führen ihn zu einer totalen Ablehnung des Individualismus. Etwas, das wir in der westlichen Welt als die Grundlage unserer Unabhängigkeit und des freien Denkens loben.

Im Gegensatz dazu würde Alexander Dugin sagen, dass die Förderung des Individualismus einfach nur eine Taktik des Liberalismus ist, um ihn selbst am Leben zu erhalten. Weil nämlich nur Kollektive ein politisches System verändern können.

---

* Jordan B. Peterson, geb. 1962 in Alberta/Kanada, ist ein kanadischer klinischer Psychologe, Autor und Kulturkritiker.

Und er würde weiter sagen, dass beide politischen Parteien (in den USA), also sowohl Republikaner als auch Demokraten, Liberale sind. Und dass es im Westen derzeit keine konkurrierenden Ideologien gibt.

Und hier kommt nun das Sahnehäubchen: Liberalismus ist etwas, was Dugin ebenfalls ablehnt. Sie beginnen wahrscheinlich langsam zu verstehen, warum er bei den Menschen so unbeliebt ist.

Aber obwohl das allgemein geglaubt wird, findet sich Dugin auch nicht in den anderen, populären politischen Kategorien wieder. Der Mann hat den Kommunismus ziemlich hart abgelehnt und natürlich lehnt er den Faschismus ab. Er sieht beide Ideologien als totale Fehlschläge an. Und er kategorisiert Faschismus, Kommunismus und Liberalismus als die ersten drei politischen Theorien.

Also ist Dugin mit keiner dieser drei politischen Ideologien einverstanden! Was will er dann? Nun, nachdem Dugin das massive Versagen des Liberalismus gesehen hat, sucht er nach einer vierten politischen Theorie. Etwas ganz Neues, das aber Bestandteile von den drei Ideologien, die wir bisher erlebt haben, enthalten kann. Ich weiß, ehrlich gesagt nicht, warum die Leute davor so große Angst haben. Ich denke, es ist eine ziemlich interessante Idee. Ich bin nicht unbedingt vollkommen Feuer und Flamme. Ich denke nur, dass es interessant ist, darüber nachzudenken.

Aber weil Dugin diese scharfe Kritik am Liberalismus und am Individualismus übt, wird er von vielen Philosophen im Westen als etwas Existenzbedrohendes angesehen. Ich weiß also, dass eine Reihe von Personen auftreten werden, die mich mit ihren Verschwörungs-Theorien in Verbindung bringen, um zu zeigen, dass ich versuche, den Westen durch mein Interview mit Alexander Dugin zu zerstören.

Ich denke aber, es ist wirklich wichtig, sich daran zu erinnern, dass, gerade weil Dugin den Westen kritisiert, das nicht notwendigerweise bedeutet, dass er den

Westen hasst oder ein Feind des Westens ist. Ich denke also, dass wir zwar kritisch sein sollten, dass es aber wichtig ist, dass wir selbst hören, was er darüber sagt.

Dugin hat gesagt: Ich bin nicht Anti-Westlich, ich bin Anti-Liberal. Tatsächlich liebe ich den Westen. Ich habe acht Bücher geschrieben, die der westlichen Kultur und der westlichen Philosophie gewidmet sind. Ich bin an den westlichen Werten interessiert. Ich studiere sie. Sie sind außerordentlich komplex. Und ich kritisiere sie nicht nur, ich kenne sie und habe ein tiefes Verständnis von ihnen.

Der Westen ist mein geistiges und intellektuelles Mutterland. Ich kenne viele der französischen Dichter auswendig. Ich liebe die englische Kultur. Ich bin kein böser russischer Bauer, der den Westen hasst. Natürlich bin ich ein russischer Patriot, ein Russe und vor allem ein Russe, aber mir ist der Westen nicht gleichgültig.

Viele werden diesem Zitat skeptisch gegenüberstehen, oder argumentieren, dass man nicht Pro-Westlich und Anti-Liberal sein kann. Und ehrlich gesagt, bin ich sehr gespannt, auf die feurige Debatte, die sich darüber ergeben wird.

Der Kernpunkt ist, wenn wir als Individualisten und als Liberale die freie Rede und den freien Dialog schätzen, wenn wir freie Ideen und offene Kritik so sehr mögen, dann sollte jeder Mensch, der von sich behauptet, er sei offen für alle Ideen und für jedes Thema, Professor Dugin mit offenen Armen empfangen. Er muss nicht unbedingt seinen Ideen zustimmen, aber er sollte offen sein für Professor Dugins Überlegungen und Argumente. Nicht nur, weil er sehr belesen und gebildet ist und sich gut ausdrücken kann, sondern auch, weil er neue Argumente hervorbringt. Auch wenn wir sie nicht mögen.

Viele Leute lehnen Debatten ab, weil es immer dieselbe alte Leier ist. Man will sich oft nur gegenseitig als Rassisten oder als Kommunisten bezeichnen. Das passiert auf beiden Seiten. Oder es werden Argumente ausgetauscht, die wir schon oft gehört haben, aber Alexander

Dugin bringt tatsächlich neue Ideen hervor, wie ich sie in der öffentlichen Debatte nicht oft gehört habe.

Ich weiß also, dass ich für dieses Interview angegriffen werde. Aber ich denke, es ist wichtig, dass wir uns mit der Kritik beschäftigen, die an den grundlegenden Ideen unserer Kultur geübt wird.

Lauren Southern

Alexander Dugin über die junge Generation*, die Moderne und die Religion.

Lauren Southern: Herr Dugin, was würden Sie sagen, sind die wichtigsten Fragen oder Herausforderungen, denen die junge Generation heute gegenüber steht, insbesondere in der westlichen Welt?

Alexander Dugin: Ich denke, wir leben in einer überaus wichtigen Zeit für die gesamte Menschheit. Das ist eine Chance und ein Privileg. Aber zugleich gibt es auch ein Risiko, weil gerade jetzt das Schicksal der Menschheit infrage gestellt wird. Mit künstlicher Intelligenz, Post-Humanismus, und den jüngsten Entwicklungen der Liberalen Ideologie, die zu einer Art globalem Paradigma wurde, wird das eigentliche Wesen des Menschen infrage gestellt.

Daher könnte die junge Generation, die letzte menschliche Generation sein. Sie

---

* Der im Interview verwendete Begriff „Millennials" wird stets mit „junge Generation" übersetzt.

könnte eine Art „Letzten Mann" und „Letzte Frau" darstellen, wegen des Moments der „Singularität", dem wir uns nähern. Als „Singularität" bezeichnen die Post-Humanisten, exakt den Augenblick, in dem die künstliche Intelligenz in der Lage sein wird, alle Aufgaben auszuführen, die menschliche Wesen ausführen können.

Wir nähern uns einer zweiten Austauschwelle. Es gibt den ersten Austausch der traditionellen Bevölkerung der westlichen Länder durch Flüchtlinge und Einwanderer, aber das gilt nicht nur für den Westen, denn diese Einwanderungswelle bedroht auch andere Gesellschaften, nicht nur die westlichen. Aber die zweite Welle des Austausches wird der Ersatz der Immigranten durch die Roboter sein.

So könnte die junge Generation, die letzte Generation sein, bei der freies Urteilsvermögen und freie Entscheidungen noch möglich sind. Danach wird es eine Art mechanisches Schicksal geben. Denn das Schicksal der Zivilisation wird langsam, fast unauffällig und unbemerkt (vom Menschen) zu einer „nächsten Art von Wesen" übergehen.

Lauren Southern: Oh, die Probleme sind viel größer, als ich mir hätte vorstellen können!

Brittany Pettibone: Wohin, glauben Sie, steuert der moderne Konservatismus in den USA? Glauben Sie, dass es eine Hoffnung für eine nachhaltige Rechte Bewegung in Amerika gibt?

Alexander Dugin: Ich habe mein Verständnis der Amerikanischen Gesellschaft nach der Kampagne von Trump fast vollständig verändert, nicht wegen seines Sieges - das war auch sehr, sehr wichtig - sondern wegen der mutigen Entscheidung der Mehrheit der amerikanischen Bürger, die von Trump vorgetragene Agenda zu unterstützen.

Das ist das Problem des „Trumpismus" - er ist viel mehr als nur Trump persönlich. Denn jetzt zeigt Trump die Grenzen und Beschränkungen seiner Möglichkeiten. Ich denke, er wurde bereits „gekidnappt" oder vom „Tiefen Staat" und der liberalen

Elite, den Globalisten, als Geisel genommen.

Aber dennoch gab es während dieses Wahlkampfs ein völlig neues (politisches) Wesen: Das amerikanische Volk. Populistische Menschen. Der Begriff Populismus leitet sich ab von: das Volk - il pupulo / populous. Und ich denke, dass dieses Volk, diese Populisten, diese wirklichen Menschen, die wirklichen, die nicht eingebundenen Menschen, die unvoreingenommene Menschen, Menschen mit ihrem freien Willen und ihrer Fähigkeit, Entscheidungen zu treffen, (jetzt) auf der Bühne der amerikanischen Gesellschaft erschienen sind!

Und das war eine große Überraschung, eine Überraschung und Hoffnung für mich, denn ich glaube nicht, dass nur Konservative für Trump gestimmt haben. Ich denke, dass die Menschen - die letzten (wirklichen) Menschen in den Vereinigten Staaten - für Trump gestimmt haben. Denn der andere Teil, die andere Hälfte (der amerikanischen Wähler), ist bereit, sich in etwas anderes zu verwandeln, in irgendwelche post-menschlichen

Wesen. Denn das Image, das konkrete Bild von Hilary Clinton, war eine Art posthumanistischer Horizont, würde ich sagen.

Das war also eine anthropologische Schlacht, und das amerikanische Volk, amerikanische Menschen, haben gewonnen. Ich denke, das ist eine große Hoffnung für die konservative Bewegung in den Vereinigten Staaten. Zumindest, um den echten Kampf um die Zukunft, um ihre Identität, um ihre Gesellschaft und um ihre Werte, zu beginnen.

Aber es gibt offensichtlich viele Fallen, gerade weil die neuen Konservativen anders sein sollten. Sie sollten viele Aspekte berücksichtigen, die traditionelle Konservative ignorieren.

Zum Beispiel empfehle ich Ihnen, sich mit der Post-Moderne zu beschäftigen, weil es bei ihr eine Kritik der Moderne gibt, die sehr wichtig ist. Und mit dem Traditionalismus, der im traditionellen Konservatismus ignoriert wurde. Mit dem Traditionalismus von Evola und Guenon (Julius Evola / Rene Guenon). Mit seiner tiefen

Kritik am Prinzip der modernen westlichen Zivilisation. In jeder Hinsicht. Ich empfehle auch das Studium der Anthropologie und der Soziologie. Viele Felder, die zum Beispiel traditionell als links betrachtet wurden, aber Konservative sollten nicht traditionell Rechte sein.

Ich denke, oder ich gehe davon aus, dass der neue Konservatismus ganz anders sein sollte. Er sollte die traditionellen Prinzipien der westlichen Zivilisation, die Grundlagen davon, in einen völlig neuen Kontext stellen und das ist die große Herausforderung. Und ich denke, daraus folgt, dass amerikanische Konservative - neue Konservative - das große Erbe, und das intellektuelle Erbe, der europäischen Kultur entdecken sollten und auch das der östlichen Kultur: Russische Kultur, Indische Kultur, Iranische Kultur. Denn bis jetzt gibt es nicht genug, was wir verteidigen können.

Die traditionellen Konservativen verteidigen nur das Gestern vor dem Heute, und das ist heute nicht mehr genug. Weil sie, unsere Gegner, die Progressiven, die Liberalen, mehr und mehr gewinnen und wir jetzt das verteidigen, was wir gestern verurteilt haben. Dieses Spiel ist also eine Art Einbahnstraße, mit einem Vorteil für sie.

Wir brauchen also nicht nur Konservatismus, sondern eine konservative Revolution! Wir sollten zu den Wurzeln unserer Identität zurückkehren. Wir sollten den europäischen Logos (altgriechisch: Sinn, Geist, Gott, etc.), als die zentrale Achse unserer spirituellen Tradition, wiederentdecken. Und wir sollten mutig sein, wir sollten die Beschränkungen überwinden, zum Beispiel die Fremdenfeindlichkeit, den Rassismus oder auch irgendeine Art von Hierarchie zwischen den Menschen. Es gibt keine solche Hierarchie - es gibt Unterschiede, und wir müssen auf diesen Unterschieden bestehen - aber ohne eine Hierarchie zu schaffen. Wir sollten die Fehler der Vergangenheit nicht wiederholen.

Lauren Southern: Viele Leute haben bereits von Ihrer Kritik an den ersten drei politischen Theorien, speziell am Liberalismus, gehört und diese Kritik könnte sich auf die Punkte ausdehnen, die Sie gerade angesprochen haben. Aber ich möchte gerne wissen, wie eine vollkommen gesunde atlantische oder westliche Zivilisation, Ihrer Meinung nach, aussehen sollte?

Alexander Dugin: Ich denke, dass die vierte politische Theorie sehr wichtig ist! Die vierte politische Theorie basiert auf der Kritik am Liberalismus. Das ist offensichtlich, und das ist das Hauptziel der Kritik, aber sie geht einher mit der Einladung, nicht in die Falle des Kommunismus (zweite politische Theorie) oder des Faschismus (dritte politische Theorie) zu tappen.

Und ich denke, dass das wahre Böse nicht explizit der Liberalismus ist, das ist (nur) die reinste Form des Bösen, das Böse (selbst) sitzt tiefer. Das Böse ist die Moderne! Mit dem Aufkommen der Moderne, mit den Zeiten der Aufklärung, mit der Moderne selbst in Form der Wissenschaften, der Kultur, der Erziehung und der Zivilisation, kam in den Westen eine Art Schatten, eine Art böses Prinzip, etwas Schreckliches. Und das war der Verlust des geistigen Erbes des echten Westens. Mit dem Beginn der Moderne hat sich der Westen selbst verloren. Und der ganze Rest sind Folgen dieses Verlustes. Und das waren sehr wichtige Dinge: Hierarchie, Spiritualität, Patriarchat, die himmlischen Dimensionen des Lebens, das Rittertum. Und wie sah das zur Zeit der Römer, der Griechen und im Mittelalter aus? In all diesen Zeitaltern hatten wir verschiedene Versionen derselben Weltvision. Dieselbe westliche, spirituelle, indoeuropäische Tradition - mit dem Christentum, und vor dem Christentum.

Und mit der Moderne kam etwas ganz anderes, das war: Anti-Tradition, Anti-West, Anti-Sinn, es war eine Art Anti-Christ, in unseren Augen. Statt des Himmels - war da jetzt die Erde, statt des tapferen Helden - gab es jetzt verschiedene Händler und sonstige einfache Leute. Das war ein Umsturz der Hierarchie und der Heiligkeit. Das war der Ersatz der Heiligkeit durch die Profanität. Dadurch hat die westliche Zivilisation ihre Essenz verloren und das Herz wurde durch etwas völlig anderes ersetzt.

Alles an der Moderne war falsch. Alles! Die Zerstörung traditioneller Staaten, die Zerstörung traditioneller Güter, alle funktionalen Organisationen der indoeuropäischen Gesellschaften. Alles wurde geopfert und zerstört für eine vollkommen neue Vision der Menschheit, des Universums, der Natur, der Zeit und des Raums. Alles wurde (durch etwas Neues) ersetzt. Es war die große Erneuerung der Tradition, der (bis dahin) heiligen Tradition.

Also sehe ich eine positive Alternative für den Westen in der Rückkehr zum Mittelalter, in der Rückkehr zum Römischen Reich, in der Rückkehr zur christlichen Tradition, vielleicht in der Rückkehr zur vorchristlichen Tradition. Jede Art des indogermanischen Erbes sollte wiederhergestellt werden.

Aber wir können nicht diese oder jene Völker oder Personen für die eingetretene Verwirrung verantwortlich machen. Wir sollten den Geist der Moderne beschuldigen, und das war der Geist, den der europäische Mensch hervorgebracht hat. Wir sollten mit Selbstkritik beginnen, nicht mit Kritik an den Anderen. Denn es war ein Fehler, der von uns selbst begangen wurde! Wir sollten also zu diesem (historischen) Moment zurückkehren und verstehen, dass die Moderne in jeder Hinsicht eine falsche Entscheidung war. Technologie anstelle der realen Beziehungen zwischen den Menschen.

Mit der Moderne haben wir uns selbst (unser Selbst) verloren. Wir sollten unsere Identität, unsere westliche, europäische Identität, wiederentdecken – Sie sollten das tun, oder besser: Es wäre gut, wenn Sie das tun. Und dieser post-moderne oder zugleich vor-moderne Westen, wird ein Beispiel dafür sein, dass der einzige Weg, den Westen wieder groß zu machen, darin besteht, zur vor-modernen europäischen Tradition zurückzukehren, zu den heiligen Wurzeln der europäischen Identität, ohne Angst davor zu haben, was man sagen wird. Weil das Problem bei uns liegt, und nicht bei den anderen.

Und das amerikanische Volk, das für Trump gestimmt hat, das Trump gewählt hat, hat bewiesen, dass es souverän ist, dass es der wirkliche Entscheidungsträger ist. Also müssen wir diese Dimension in unserem Volk erwecken und nicht andere, östliche Traditionen nachahmen, wir sollten unsere eigenen Traditionen fortsetzen.

Ich verstehe also nicht, wenn die Leute, die versuchen, das Heilige zu retten, den Islam oder andere Traditionen nachahmen. Wir haben unsere eigene Tradition, unsere eigene spirituelle Tradition. Der Islam könnte unser Freund sein, der traditionelle Islam, der iranische Islam, der Sufi-Islam, der schiitische Islam, der auf den indogermanischen Werten basiert. Aber das ist deren Tradition. Wir haben andere Traditionen, und je mehr wir Traditionalisten sein werden, desto mehr werden wir gute Lösungen finden, wie wir mit anderen koexistieren können.

Wenn wir also unsere Identität verlieren, sollten wir nicht die anderen beschuldigen. Die anderen haben das (nur) benutzt. Wir sind also selbst schuldig und wir sollten für uns selbst kämpfen. Wir sollten nicht nur Reaktionäre sein, wir sollten Revolutionäre sein.

Lauren Southern: Darf ich schnell noch fragen, ob Sie den Begriff der Moderne für die Menschen definieren können?

Alexander Dugin: Ich denke, dass das Lesen der Bücher von Rene Guenon und Julius Evola da hilfreich ist. Aber hier ist eine kurze Idee dazu. Zum Beispiel: Tradition ist Hierarchie, also sollten an der Spitze der Gesellschaft Philosophen, weise Männer und die spirituelle Elite sein. Die Adligen, die Aristokratie, sollte aus den Kriegern bestehen, die mutig sind und bewiesen haben, dass sie mit Todesverachtung kämpfen. Diese Aristokratie, also die spirituelle Elite und die Krieger, sie repräsentierten die beiden höchsten Klassen der traditionellen europäischen Gesellschaft. Und die Bauernschaft war die dritte Funktion in dieser europäischen normativen Gesellschaft.

Das alles wurde von der Moderne zerstört. Die Moderne hat die so genannte Demokratie, die sogenannte Gleichheit und die sogenannten materiellen Werte installiert, die über die geistigen Werte gestellt wurden. Das war also eine totale

Umkehrung der traditionellen europäischen Gesellschaft.

Und das Zentrum der heiligen traditionellen Gesellschaft Europas war Gott und die Ewigkeit. Das wurde durch die Natur und die Menschen und die Zeit ersetzt. Wir kannten keine ‚Schwerkraft'. Denn ‚Schwere' selbst war unbekannt. Es gab zwar eine Art Gravitationskraft, die auf die Erde ausgerichtet war, aber da war die spirituelle Kraft, die sich in den menschlichen Herzen und Seelen zum Himmel hin orientierte. Das war die Grundlage der traditionellen europäischen Zivilisation.

Die Zivilisation basierte auf den himmlischen Wurzeln. Das war etwas völlig anderes! Es gab keinen Fortschritt und kein Wachstum. Es gab Ehrbarkeit. Es war eine Art von Opferhandlung, begangen durch das spirituelle Wesen, das in diese Welt kam, um sie besser zu machen.

Händler und Gewerbetreibende waren eine kleine, periphere Minderheit. Sie wurden toleriert, nicht mehr. Sie konnten der Gesellschaft nicht ihre Mentalität und ihr Gesetz als zentrale Werte aufzwingen, wie es im Kapitalismus und Liberalismus der Fall ist. Sie waren Randerscheinungen, und sie wurden verachtet, weil die Bourgeoisie eine Art Dienstbotenklasse war. Sie halfen den Geistlichen, den Kriegern und der Aristokratie, mit praktischen Dingen umzugehen. Nicht mehr.

Und mit dem Beginn der Moderne wurde alles zerstört. Die Macht wurde an die Menschen gegeben, die Reichtum und materielle Dinge erworben haben. Das war eine totale spirituelle Revolution im negativen Sinne. Und Heiligkeit, Ewigkeit, der Glaube an den Himmel, diese Idee des Opfers, der Aristokratie, der Seele, die Unsterblichkeit. Alles war in der Moderne verloren.

Die Moderne beruht u. a. auf der Abwesenheit des Glaubens an die Unsterblichkeit und an die unsterbliche Seele, und stattdessen auf dem Glauben an die Vorherrschaft der rein materiellen Werte. Und auf Demokratie, sowie auf Fortschritt statt auf Selbstaufopferung. Weil gemäß der traditionellen Perspektive,

41

also durch Selbstaufopferung, die Dinge scheinbar schlechter und schlechter werden, scheint die materialistische Sicht besser zu sein. Aber was ist der Preis? Wir verlieren das Wichtigste, nur um weniger wichtige Dinge zu erreichen, zumindest aus dem traditionellen Blickwinkel.

Dies also ist die Moderne, in ihrer Darstellung als Katastrophe! Was ist also modern? Das Katastrophale! Und Evola und Guenon haben das auf ihren vielen tausend Seiten ebenso gezeigt wie die anderen Vertreter des Traditionalismus. Zum Beispiel in der islamischen Version gibt es Nasr (Hossein Nasr), der in den Vereinigten Staaten lebt, und der ein Traditionalist ist. Und da sind noch andere ... Titus Burckhardt und andere Autoren. Ich schlage vor, sie zu lesen.

Das ist vielleicht schwierig für Amerikaner und Kanadier, gerade weil Ihre Staaten mit der Moderne bzw. auf der Moderne gegründet wurden. Diese Gesellschaften, die nordamerikanischen Gesellschaften, wurden also mit der Moderne geboren. Aber das ist eine Art metaphorische Geburt. Sie haben europäische Wurzeln und europäische Traditionen, also sollte etwas in der Tiefe der amerikanischen und kanadischen Tradition gefunden werden, das nicht kolonial, sondern vorkolonial ist.

Ich denke, dass diese europäischen Wurzeln jetzt sehr wichtig sind, weil sie die junge Generation, und auch ältere Menschen, mit ihren Vorfahren und mit der Tradition vereinen. Mit den Vorfahren, die Schöpfer der großen, traditionellen, europäischen, spirituellen und aristokratischen Zivilisation waren.

Und es ist keine Rückkehr in die Vergangenheit. Wir haben eine eigene Vergangenheit und Sie haben eine eigene Vergangenheit. Die Vergangenheit basiert auf der Ewigkeit. Wenn Sie die wahren heiligen Wurzeln der europäischen Identität wiederentdecken, kehren Sie nicht in die Vergangenheit zurück, sondern kommen in die Ewigkeit. Und die Ewigkeit ist immer frisch! Sie ist nicht Vergangenheit! Sie beinhaltet die Vergangenheit, die Gegenwart und die Zukunft. Sie ist die Quelle der Zukunft.

Und die Ewigkeit ist kreativ, sie wiederholt sich nicht, sie ist nicht immer gleich. Die Ewigkeit ist das Herz des Seins. So könnten wir in philosophischen Worten, oder in Heideggerschen Worten sagen, wir sollten vom Werden zum Sein zurückkehren, weil wir das Sein verloren haben.

Brittany Pettibone: Ist Ihrer Meinung nach die Moderne als Ideologie in allen Ländern und Kulturen präsent?

Alexander Dugin: Ja, ja. Die Moderne beeinflusst, oder (besser), das ideologische Paradigma (der Moderne) wirkt sich auf alle Kulturen aus. Die Region der Moderne war (ursprünglich) Europa, aber mit der Kolonisation und mit dem Wachstum der Macht im Westen wurde sie dem ganzen Planeten aufgezwungen. Und jetzt (in Anbetracht der liberalen Maxime der Globalisierung) sind wir fast in derselben Position.

Vielleicht ist der Westen der Urheber, und vielleicht ist der Westen deswegen ein bisschen mehr schuldig, aber gleichzeitig sind wir alle von dieser Krankheit betroffen. Also sollte der Kampf nicht gegen den Westen gerichtet sein, der Kampf sollte vielmehr gegen die Moderne gerichtet sein. Als das negative Ergebnis einer Art Krankheit, die im Westen begann, und jede Kultur beeinflusst hat.

Die konservative Revolution ist also eine Art Zukunftshorizont für den Westen, aber auch für andere Länder. Zum Beispiel haben wir Russen keine alternativen Traditionen. Wir leben nicht in russischer Tradition. Wir sind konservativer, wir sind näher an den Wurzeln, aber wir sind von dieser Moderne ebenso beeinflusst, aufgrund der kommunistischen Zeit, vom Liberalismus und von der modernen Lebensweise. Wir gehen also den gleichen Weg, wie alle anderen Menschen auch.

Es gibt kaum noch eine Gesellschaft, die wir als Beispiel für die traditionelle Gesellschaftskultur nehmen können. Es gibt keine mehr. Dadurch entsteht eine Art Basis, oder, das bereitet den Boden für den neuen Internationalismus. Für konservativen Internationalismus. Weil wir alle betroffen sind. Jeder von uns ist betroffen. Jede Gesellschaft ist von der Moderne betroffen.

Wir sollten also nicht gegeneinander kämpfen, wir sollten gemeinsam gegen die Moderne kämpfen. Vielleicht werden wir zu verschiedenen Traditionen kommen, aber genau das ist der Reichtum des spirituellen Schatzes, dass wir das westliche Christentum, das östliche Christentum, den traditionellen Islam und all die anderen spirituellen Traditionen, die chinesische Kultur, die hinduistische Kultur und die buddhistische Kultur haben.

Wir sollten nicht zu etwas Unipolarem oder etwas Universellem gelangen, etwas "prêt a porte". Wir sollten uns neu definieren und zu unseren eigenen Wurzeln zurückkehren. Sie sind unterschiedlich, aber das wäre eine völlig neue Welt, basierend auf dem gemeinsamen Kampf gegen eine gemeinsame Herausforderung.

Brittany Pettibone: Was hat für den Westen die höhere Priorität, die Überwindung von Dekadenz und Nihilismus innerhalb der Gesellschaft, oder die Sicherung der Grenzen und die Beendigung des Bevölkerungsaustausches?

Alexander Dugin: Ich denke, dass wir die technischen Probleme, zum Beispiel die Sicherung von Grenzen, nicht lösen konnten, ohne zuvor unser Bewusstsein zu verändern. Zuerst ist das Denken der westlichen Zivilisation zu verändern.

Immigration, Post-Feminismus oder so genannter Feminismus, eigentlich ist Liberalismus der bessere Ausdruck als Feminismus, weil es einige Versionen von Feminismus gibt, die ich mag. Zum Beispiel den Standpunkt-Feminismus, der bestätigt, dass es keine Hierarchie zwischen Mann und Frau gibt, aber es gibt zwei unterschiedliche Universen, zwei Perspektiven. Völlig unterschiedliche Universen, sie könnten sich überschneiden, aber sie haben immer noch völlig andere Strukturen. Das ist der Reichtum, und es ist ein Dialog möglich, weil die zwei Welten sich berühren und gleichzeitig in Kontakt und Konflikt geraten können.

Der Standpunktfeminismus ist nicht der Ansicht, dass Frauen dem Mann gleichen sollten, vielmehr sollen Frauen, Frauen in ihrer eigenen Welt bleiben. Und Sie sollen versuchen, ihre Strukturen zu verteidigen, wenn sie zum Beispiel mit einem zu aggressivem Patriarchat konfrontiert werden. Denn es gibt ein spirituelles Patriarchat, von Rittern, von Adligen, von spirituellen Denkern, und es gibt ein sehr niedriges Patriarchat, das ist nicht spirituell, sondern aggressiv, ohne Kultur. Also würde ich lieber auf der Seite der Frauen stehen, die für ihr schönes Universum kämpfen, gegen diesen niedrigen Machismo.

Aber gleichzeitig ist die Idee des liberalen Feminismus sehr schlecht, weil sie versucht, das Weibliche bei den Frauen zu töten. Sie zerstören die Weiblichkeit. Sie versuchen, sie in eine Parodie des Mannes zu verwandeln. Es ist das Schlimmste, was ich mir vorstellen kann, denke ich.

Aber es ist so, dass all dies die Folgen falscher Denkprozesse sind. Der Materialismus, die Einwanderungspolitik, der Multikulturalismus, basieren auf dem gleichen philosophischen Prinzip (dem Liberalismus), das wir ändern sollten. Ohne diese Veränderung können wir unsere Grenzen, unsere Identität, nicht wirksam verteidigen. Weil der Liberalismus als Ideologie, als Philosophie darauf besteht, dass es nur eine einzige Identität gibt: das Individuum! Das ist der Ursprung von allem. Wenn es nur eine einzige Identität gibt, nämlich die individuelle Identität, dann gibt es gibt keine kollektiven Identitäten! Oder, wenn es sie gibt, sollten sie überwunden oder vernichtet werden! Das ist das Hauptprinzip des Liberalismus.

Wir haben also keinen Grund, der Einwanderung Beschränkungen aufzuerlegen, weil die Einwanderer Individuen sind, genau wie wir. Wir könnten ihnen auch nicht vorwerfen, dass sie eine andere Kultur haben oder eine andere Identität, weil der Liberalismus die Existenz kollektiver Identitäten leugnet. Und auf der individuellen Ebene sind sie Individuen wie wir. Wir könnten also keine kulturellen Argumente, ethnischen oder religiösen Argumente (gegen die Einwanderung) verwenden. Weil all dies, alle diese spezifischen Eigenarten verneint, bzw. vom Liberalismus (theoretisch) bestritten werden.

Wenn wir zum Beispiel versuchen, die traditionelle europäische Identität oder Religion oder unsere ethischen Traditionen zu bewahren, verstehen die Liberalen das nicht, oder sie akzeptieren es nicht als etwas Legitimes. Weil nämlich der Liberalismus auf dem Fehlen einer jeglicher kollektiven Identität beruht. Und eine ethnische, kulturelle und religiöse Identität, auch eine nationale Identität, ist genau das: eine kollektive Identität.

Indem sie diese kollektiven Identitäten zerstören, erzeugen sie (die Liberalen) automatisch eine „Willkommenskultur" für andere, die unsere Gesellschaften zerstören oder auflösen. Ohne gegen den Liberalismus geistig (metaphysisch) zu gewinnen, können wir also keine politischen, sozialen und juristischen Werkzeuge haben, um die Einwanderung aufzuhalten oder zu kontrollieren.

Und zugleich gibt es den Post-Humanismus, und dasselbe gilt außerdem für die Gender-Politik, LGBT (Lesben, Schwule, Bisexuelle und Transgender). Das ist die Idee, dass das „Frau sein" oder das „Mann sein" eine kollektive Identität ist. Und wir sollten das Geschlecht fakultativ (wahlfrei) machen, um die individuelle Identität auszubauen und zu stärken. Die kollektive Identität soll zerstört werden. Immigration und LGBT-Gender-Politik sind also zwei Seiten desselben liberalen Prinzips.

Und der nächste Schritt, der bereits definiert ist, ist die menschliche Identität. Denn auch das „Mensch sein" ist eine kollektive Identität. Also sollten wir eine Gesellschaft gestalten, in der das „Mensch sein" optional, also wahlfrei ist. Wie heute bereits, das „Mann sein", das „Frau sein", das „Bürger sein" optional ist. Alles ist optional, weil die individuelle Identität vorherrschen sollte. Das ist die letzte Stufe des Liberalismus. Wenn wir den Liberalismus akzeptieren, sollten wir die Einwanderung, die Gender-Politik und den Trans-Humanismus akzeptieren. Das wäre logisch.

Als ich diese Überlegungen mit meinen Freunden, europäischen Liberalen, besprochen habe, waren sie sehr, sehr erstaunt. Weil sie den Liberalismus nur als Abwesenheit der Herrschaft des Staates in der Wirtschaft betrachteten. Und das ist alles! Und sie sind und waren, gegen die Gender-Politik, gegen Immigration, gegen Globalisierung, gegen Post-Modernismus. Und sie waren sehr, sehr perplex, würde ich sagen, weil sie meine Kritik zwar sehr gemocht haben, aber trotzdem glaubten sie immer noch an den Liberalismus.

Aber ich schlage vor, die Bücher und Artikel von Alain de Benoist über den Liberalismus zu lesen, das wird einiges klären. Ich denke, seine Kritik - er ist mein Freund, ein sehr großer Philosoph, ein französischer Philosoph, Alain de Benoist - seine Kritik am Liberalismus ist brillant. Er stellte die Hauptaspekte dessen zusammen, was Liberalismus ist und warum der Liberalismus mit der Tradition, mit dem Konservatismus und mit dem Kampf für Identität unvereinbar ist.

Lauren Southern: Das ist faszinierend, denn die Mainstream-Konservativen sind heute auch Individualisten, besonders stark in Amerika.

Alexander Dugin: Ja, darüber habe ich nachgedacht. Und ich überlegte, wie man die auf der Kritik am Liberalismus beruhende, vierte politische Theorie, mit der amerikanischen Tradition der liberalen Konservativen versöhnt. Und ich habe eine Idee dazu. Ich denke, das Problem ist, wie wir unser individuelles Selbst verstehen. Wenn wir denken, dass unser individuelles Selbst geschlossen ist, dann betrachten wir es als etwas „Vernünftiges", etwas das durch materielle Interessen bewegt wird, durch Gier und Angst und das nach Lustgewinn strebt. Das ist ein geschlossenes Selbst. Das ist Liberalismus in der reinen Form, und diese Form des Liberalismus wird zum Post-Humanismus und zu all den anderen bösen Dingen führen.

Aber was wäre, wenn es ein offenes Selbst gibt, wenn wir zum Beispiel unser individuelles Selbst in der Weise betrachten, wie es die hinduistische Tradition vorschlägt, als einen großen Atman, als etwas Ewiges und Geistiges und nicht als ein rational Ding, dass durch Gier und Angst bewegt wird, sondern als etwas das auf der Ewigkeit basiert. Wenn wir nur einen Schritt mehr zum Herzen oder zum Mittelpunkt unseres Wesens machen, würden wir die wichtigeren Dimensionen unserer Individualität entdecken. Da ist dann keine Individualität mehr, sondern ein Individuum und das wird etwas Spirituelles sein. Und das war auch genau der Anfang des Protestantismus. Denn im Ursprung, zu Beginn des Protestantismus, gab es John Wyclif und andere, deutsche Mystiker, Meister Eckhart, und es gab diese Aspekte des transzendentalen Selbst.

Wenn also der Individualismus für die amerikanische Tradition notwendig ist, sollte er meiner Meinung nach nicht von der kollektiven Identität, wie in Europa oder in Russland, kommen - was viel einfacher wäre - sondern dem Weg zur radikalen Verinnerlichung des Selbst folgen, denn es gibt ein offenes individuelles Selbst. Und das war auch mehr oder weniger die Tradition der amerikanischen Romantik, von (Ralph Waldo) Emersons und anderen Denkern wie ihm.

Diese radikale Innerlichkeit könnte die Vierte Politische Theorie retten und sie mit der amerikanischen Tradition des Individualismus versöhnen. Auf diese Weise können wir das Individuum absolut machen, wie es der frühe Evola vorgeschlagen hat. Das erste Buch von Julius Evola war die Theorie des absoluten Individuums. Es könnte als eine Art Orientierung genommen werden.

Lauren Southern: Sehen Sie die amerikanische „Alt-Right"-Bewegung als Ausdruck eines postmodernen, faschistischen Nachahmens der Dritten Politischen Theorie, also des Nationalismus, oder sehen sie darin ein kreatives Chaos?

Alexander Dugin: Zunächst denke ich nicht, dass es da schon etwas Fertiges oder Beendetes gibt. Ich denke, es gab die Idee, einige postmoderne Strategien zu verwenden, und das ist erst einmal in sich selbst gut. Warum also nicht!

Zweitens gab es Bemühungen, einen sehr strengen amerikanischen oder paläo-konservativen Diskurs zu eröffnen, gegen Neokonservative, Liberale und Globalisten der schlimmsten Art. Die „Alt-Right"-Leute versuchten, neue Themen einzuführen, die von der Neuen Rechten Europas (oder besser der Nouvelle Droite) übernommen wurden aber auch von der Vierten Politischen Theorie, vom Eurasianismus und von der Geopolitik. Also, ich denke, sie haben den Traditionalismus eingeführt, der im paläo-konservativen Umfeld von Buchanan* und anderen, fast unbekannt war. Es gibt also viele interessante und positive Punkte.

---

* James McGill Buchanan, (1919 – 2013), war ein konservativer US-amerikanischer Ökonom.

Aber ich mag überhaupt nicht den ironischen Nationalsozialismus und den Gebrauch einiger Witze, die für mich nicht so lustig sind. Und ich akzeptiere die Dritte Politische Theorie (Faschismus) nicht, besonders wenn der Liberalismus bereits gewonnen hat und es jetzt eine Art Wiederholung gibt, mit Che Guevara und Soros Demonstrationen. Denn der Kulturmarxismus ist kein wirklicher Marxismus, er ist nicht die Zweite Politische Theorie (Marxismus), vielmehr entspricht der Kulturmarxismus der Ersten Politischen Theorie (Liberalismus). Es ist verkleideter Liberalismus.

Ich denke, dieser ironische Faschismus ist auch ein Werkzeug des Liberalismus, der Ersten Politischen Theorie. Aber ich denke, in diesem chaotischen - ich stimme Ihnen zu, wenn Sie es chaotisch nennen - in diesem chaotischen Universum von „Alt-Right", gibt es interessante Tendenzen.

Ich denke, es ist ein Zeichen von Frische. Es liegt etwas Frisches darin, das nicht die ständige Wiederholung desselben ist. Und wenn Sie versuchen, etwas Neues zu tun, dann liegt darin ein Risiko. Es besteht eine Gefahr. Denn etwas Neues zu machen, neue Wege in bereits existierenden Denkweisen zu eröffnen, ist immer riskant. Ich denke, dass es sich manchmal lohnt und sehr positive Ergebnisse dabei heraus kommen und manchmal führt es zu völligem Versagen.

Also, in meinen Augen gibt es bei „Alt-Right" bereits klare Fehler, eine Art Müll. Und es gibt einige sehr interessante Tendenzen. Ich denke, es ist zu früh, um diese Bewegung zu beurteilen oder unsere Hoffnungen in sie zu setzen, oder sie zu tadeln. Sie ist etwas typisch Amerikanisches, postmodern, mit einer gewissen Naivität, mit etwas Kühnheit, mit etwas Geschmacklosigkeit, fast immer. Aber es gibt einige interessante Tendenzen. Und ich nehme an, dass die „Alt-Right"-Leute versuchen, die bestehenden Grenzen und Begrenzungen zu überwinden, was in sich gut ist.

Ich würde mir wünschen, dass sie ihre Bemühungen fortsetzen, denn es gibt keine fertige Lösung für die Dinge, mit denen wir konfrontiert sind. Wir sollten einen neuen Weg finden und das ist immer riskant.

Brittany Pettibone: Nach der Wahl von Trump haben Sie gesagt, dass die Zeit des Antiamerikanismus vorbei ist. Hat sich Ihre Position dazu geändert?

Alexander Dugin: Nein, überhaupt nicht. Denn es ging nicht nur um die Person von Trump. Trump ist meiner Meinung nach inzwischen in der Gewalt vom „Deep State" und den Globalisten, er wurde als Geisel genommen. Und das besonders wegen eines wichtigen Punkts: Seiner Weigerung, gegen die Russen zu kämpfen. Er war schon immer anti-iranisch und anti-chinesisch, das ist also nicht so schlimm - es ist auch nicht so gut, aber das ist seine traditionelle Agenda - aber das Wichtigste war seine Toleranz gegenüber Russland.

Das ist wichtig, nicht weil wir Russen sind, sondern weil das eine Art Strategie der Multipolarität, der realistischen Haltung gegenüber den internationalen Beziehungen war, und daher war es das

Versprechen einer vollständigen Veränderung des Globalismus. Es war das Versprechen die Globalisierung zu beenden und die amerikanische Größe neu zu beleben, würde ich sagen.

Und genau dieser Punkt war der Zentralpunkt der unvorstellbaren Aggression gegen Trump. Dies stand von Anfang ganz vorne. Noch bevor er sein Amt antrat, wurde er genau dafür angegriffen: russische Verbindungen und nochmals russische Verbindungen und russische Einflussnahme auf die Wahlen. Beschuldigungen gegenüber Russland, Beschuldigungen gegenüber den Leuten, die mit dem russischen Botschafter gesprochen haben, und so weiter. Und der Verlust von Steve Bannon* und von vielen anderen Menschen aus der Gruppe der frühen Trump-Unterstützer. Alles war auf Russland konzentriert. Und Trump ist hartnäckig genug, um dagegen zu halten, aber der Angriff ist so scharf, dass ich denke, er kann nichts Weiteres in dieser Richtung tun.

---

* Stephen Bannon, geb. 1953 in Virginia / USA, Publizist, politischer Berater.

Es gibt also keinen wirklichen Verlust der Hoffnung in Trump, aber er ist allein. Er hat und hatte keine wirklichen Unterstützer. Seine Ideen sind aber jetzt in der Welt. Doch die gesamte Verwaltung und die ganze Ausrichtung des Staates Amerika basiert auf völlig anderen Ideen. Es ist also schwierig. Ich kann nicht sagen, dass ich Trump verstehe, aber ich verstehe die Bedingungen, in denen er sich befindet.

Es wäre also zu viel verlangt von ihm mehr zu erwarten. Aber über den Antiamerikanismus bzw. über die Abwesenheit des Antiamerikanismus, wurde in einem anderen Kontext entschieden. Ausschlaggebend war die Entscheidung des amerikanischen Volkes, für Trump zu stimmen, basierend auf seiner Agenda, seinen Reden, seinen Worten. Das war viel wichtiger, und das ist irreversibel. Denn die Amerikaner, die Trump gewählt haben, haben Trump nicht wegen seiner gegenwärtigen Entscheidungen gewählt. Die Menschen in Amerika, die Trump gewählt haben, haben Trump aufgrund seiner Versprechen gewählt, und diese Versprechen waren absolut großartig. Und sie waren nonkonformistisch. Sie richteten sich gegen die Globalisierung und gegen diesen ultraliberalen Totalitarismus. Sie richteten sich gegen den Sumpf und gegen die Herrschaft dieser Weltregierung, diese Weltregierung die teilweise vom amerikanischen Establishment gestellt wurde. Die Grundlage für Trumps Wahlsieg waren die Menschen, er hat gewonnen wegen der klaren und bewussten Entscheidung des amerikanischen Volkes.

Wie können wir, nachdem dies geschehen ist, die Amerikaner hassen? Wir könnten die amerikanische Elite hassen! Wir könnten die Globalisten hassen, aber nicht das amerikanische Volk. Niemals! Und diese Leute, das Volk, trat bei Wahlen zuvor, im Fall von Republikanern gegen Demokraten, im Fall von Bush gegen Clinton, nicht in Erscheinung, weil diese Wahlen keine weltanschauliche Dimension hatten. Die Wahlen waren nur technischer Natur. Es gab das (amerikanische Volk) vorher (politisch gesehen) nicht. Das amerikanische Volk hat sich vorher nicht gezeigt. Aber durch Trump ist es in die Geschichte eingetreten. Und das war ein großer Sieg des amerikanischen Volkes über die antiamerikanische Elite. Und wir können das kaum überschätzen.

Die Entscheidung wurde diesmal von dem amerikanischen Volk getroffen. Und von diesem Zeitpunkt an müssen wir das immer berücksichtigen. Ich bin mir absolut sicher, zumindest im Bewusstsein der konservativen Revolutionäre, dass das das Ende des Antiamerikanismus ist. Da ist das andere Amerika. Es gibt amerikanische Menschen, die wir in jeder Situation respektieren müssen. Ich denke, das ist eine großartige Unterstützung oder eine große Hoffnung. Also nicht Trump vertrauen wir, sondern den Amerikanern, denen vertrauen wir.

Brittany Pettibone: Sie haben erwähnt, dass Italien, Ungarn und Österreich in eine bessere Richtung gehen. Können Sie das erklären? Gibt es derzeit politische Bewegungen oder Personen außerhalb Russlands, die Ihnen Hoffnung geben?

Alexander Dugin: Ich denke, auch in Deutschland haben wir eine unkonventionelle rechte Partei, die AfD, Alternative für Deutschland, und auch einige Leute auf der linken Seite: „Die Linke", mit Sara Wagenknecht. Und interessanterweise ist das Problem jetzt nicht, dass die Rechte gegen die Linke steht. Das Problem ist, dass das rechte und linke Establishment, gegen das rechte und linke Anti-Establishment steht. Es gibt viele Gemeinsamkeiten zwischen der AfD und Sara Wagenknecht / „Die Linke", einer kommunistischen Partei, die das Zentrum kritisiert. Weil das Zentrum das Problem ist. Meine alte Idee ist es, Anti-Zentrums-Linke mit Anti-Zentrums-Rechten zu vereinen, um das Zentrum zu stürzen. Weil das Zentrum das Problem ist.

Die gleiche Idee wurde von Steve Bannon vorgeschlagen, der Italien besuchte und auf der gemeinsamen Regierung zwischen „Lega" und „Five Stars" bestand. Die Anarcho-Kommunisten von Five Stars, und die Traditionalisten, und die rechte Lega von Matteo Salvini. Also, ich denke, dass Populismus ‚Rechts' sein kann und ‚Links' sein kann. Aber der authentische Populismus, der Populismus der Vierten Politischen Theorie, sollte weder ‚Rechts' noch ‚Links' sein. Er sollte vereinigt sein. Weil die Idee, ‚Rechts' zu sein oder ‚Links' zu sein, ihre Relevanz verloren hat. Sie hat ihre Bedeutung verloren, weil die liberalen Zentristen, die Globalisten, das linke und das rechte Lager kontrollieren. Und erst wenn wir im ganz extremen Bereich der linken oder rechten Seite ankommen, haben sie etwas weniger Kontrolle.

Also müssen wir ihnen ‚Rechts' und ‚Links' wegnehmen und ‚Rechts' und ‚Links' vereinen, um einen weiteren Pol zu schaffen. Das ist die Idee oder die Theorie, eine Art Anti-Zentrum zu schaffen. Basierend auf dem gemeinsamen Nenner zwischen linkem Populismus und rechtem Populismus. Wir sollten also populistische Zentristen sein, die den Menschen folgen, wenn sie soziale Gerechtigkeit oder traditionelle Identität fordern.

Lauren Southern: Für die letzten Fragen möchten wir zu einem anderen Thema wechseln. Wenn wir als junge

Leute, auf die Religion schauen, sind wir erstaunt über das Wiederaufleben der Religion in Russland, insbesondere des Christentums.

Glauben Sie, dass es in Russland ein Wiederaufleben (der Religion) gegeben hat, und glauben Sie, dass es eine Chance gibt, die christliche Identität in den anderen atlantischen Teilen des Westens wiederzubeleben?

Alexander Dugin: Interessant! Sicher, Sie haben Recht, es gibt sicherlich eine Wiederauferstehung der Religion in Russland und die Leere, die vom Ende der Kommunismus-Ideologie hinterlassen wurde, wird gegenwärtig von der Religion gefüllt. So kehren wir nach und nach zu einer religiösen Weltanschauung zurück, zum orthodoxen Christentum. Sein Einfluss auf die Regierung und Verwaltung wächst und auf die Gesellschaft als Ganzes.

Ich denke, wenn wir die Möglichkeit der Rückkehr der westlichen Gesellschaften zu ihrer Tradition betrachten, ist das Christentum unumgänglich. Vielleicht wird es eine neue oder andere Form des Christentums sein. Aber das Christentum ist ein wesentlicher Teil von fast 2.000 Jahren europäischer Identität. Ich denke also, dass die Rückkehr zur christlichen Identität unvermeidlich ist. Aber das Problem ist, dass die Kirche des Westens ihre Tradition verloren hat. Sie ist zu sehr modernisiert (von der Moderne beeinflusst / verändert / relativiert) worden. Das ist das Problem.

Zum Beispiel die Russisch-Orthodoxe Kirche, oder die Griechisch-Orthodoxe Kirche, oder die Georgisch-Orthodoxe Kirche, oder auch die Rumänisch-Orthodoxe Kirche, sie alle repräsentieren noch traditionelle Institutionen, Institutionen der heiligen Tradition. Das ist zum Beispiel für den Katholizismus oder den Protestantismus nicht so einfach zu beantworten.

Das Problem ist, dass die Moderne das westliche Christentum viel mehr beeinflusst hat als das östliche Christentum. Und ich denke, dass ein Dialog zwischen den verschiedenen Zweigen der christlichen Tradition, der der Wiederherstellung oder dem neuen Finden der heiligen Wurzeln des Christentums dient, sehr nützlich sein könnte. Die orthodoxe Kirche könnte eine wichtige Rolle dabei spielen, die christliche Wiederbelebung im Westen zu unterstützen.

Aber ich möchte noch eine Bemerkung machen. Heute, am 9. Mai, ist in Moskau, die (traditionelle, jährliche) Gedenkveranstaltung des Sieges über Deutschland. Und es ist interessant, dass hier eine neue Tradition mit den Fotos der Gefallenen entsteht. Jede Familie hat Fotos mit den Menschen, die im Zweiten Weltkrieg getötet wurden. Und das ist eine neue Tradition. Das gab es weder zu Sowjetzeiten, noch in den 1990ern, oder in der frühen Zeit von Putin. Es ist eine weit verbreitete Tradition, sich an die Toten zu erinnern, und das ist vorchristlich. Denn das Gedenken an die Toten, das war ein vorchristlicher Brauch genau zu Beginn des Monats Mai. Im Mai war der Tag der Feier der Rückkehr der Toten. Man bat die Toten symbolisch zum gemeinsamen Essen, sie wurden an den Tischen begrüßt. Das war slawische Tradition.

Es gibt also etwas, das tiefer ist als das reine Christentum. Es gibt keine christliche Tradition, sich mit den Porträts der Toten auf den Straßen zu versammeln. Das ist etwas sehr Altes, das älter ist als das Christentum, denn das ist das Gedenken daran, dass die Toten leben. Sie sind bei uns, weil ein Volk nicht nur aus den jetzt lebenden Menschen besteht, vielmehr sind die Toten auch Teil des Volkes, ebenso wie zukünftigen Generationen. Das Volk ist also in gewisser Weise ewig. Und das Gedenken der Toten ist eine Tradition, an der sich jedes Jahr mehr und mehr Menschen beteiligen. Heute gab es allein in Moskau mehr als eine Million, insgesamt sind es also Millionen von Menschen.

Und das ist nicht von oben auferlegt. Vielmehr war es die Initiative einer kleinen Provinz Russlands. Sie haben das vorgeschlagen. Das wurde von unten, viral über ein Netzwerk, gestartet. Es gab nicht viel Aufmerksamkeit von der Regierung. Es gab die ersten Gruppen, die am 9. Mai mit der normalen Parade marschierten, jedoch mit den Fotos ihren Eltern und Vorfahren. Und jetzt ist es eine

Art pan-russische Tradition. In wenigen Jahren geschah die Rückkehr zu den heiligen Wurzeln. Das ist ein Gedenken an die Toten und an ihre Rückkehr, und sie marschieren zusammen mit ihren Nachkommen durch die Straßen. So tief geht die Religion.

Religion kann man nicht wie eine Mode oder wie eine Ideologie ändern. Ideologien sind flach. Sie sind wichtig und stark und mächtig, sie können zerstören, aber sie arbeiten an der Oberfläche. Religion hat ihre Wurzeln in den tiefsten Dimensionen der menschlichen Seele und des menschlichen Herzens, so dass eine Rückkehr zur Religion immer möglich ist.

Denn Religionen arbeiten nicht nur mit dem, was der Vergangenheit angehört, vielmehr haben sie eine Beziehung zur Ewigkeit. Ein lebendiger Gott lebt immer. Er lebt in der Vergangenheit, er lebt jetzt und er wird in der Zukunft leben. Und die Beziehung zu diesem lebendigen Gott und die lebendige Verbindung mit ihm, verwandelt die Religion von der bloßen Fortsetzung von etwas das der Vergangenheit angehört, in eine lebendige Beziehung zu Gott, die die Gegenwart transformiert. Auf spirituellen Wegen.

Ich glaube also, dass das Christentum und die Religion im Allgemeinen in die westlichen Gesellschaften zurückkehren können. Und je näher wir dem Abgrund kommen, umso mehr wachsen die Chancen für diese Rückkehr. Weil Religion nur dann eine Bedeutung hat, wenn man mit dem Tod konfrontiert wird. Ohne das gibt es keine Religion. Also, wie ernst es mit Gott ist, das versteht man, wenn man an der Grenze des Todes steht. Dann wird es ernst! Und diese Endlichkeit des Menschen, das ist die Grundlage, die Wurzel des religiösen Glaubens und vielleicht eine Art von Sicht jenseits dieses physischen Lebens.

Der Tod ist sehr wichtig. Deshalb wird der Tod in der Moderne ausgeblendet. Die Moderne kennt den Tod nicht. Es geht um materielles Sein, den Körper, das Wohlergehen, die Ansammlung von Gütern, und es gibt kein Leben nach dem Tod, also lasst uns nicht darüber sprechen.

Aber in der religiösen Version ist das Leben nach dem Tod der interessanteste Teil unseres Seins. Wir bereiten unser Leben nach dem Tod vor und dieses Leben nach dem Tod folgt nicht nur dem Ende des physischen Lebens, sondern sie bestehen auch nebeneinander. Es gibt also etwas von dem Tod in uns.

Die Seele ist lebendiger als unser Körper. Und dieser Post-Mortem-Aspekt, dieser Nach-Tod-Aspekt des Seins ist in uns gegenwärtig. Es gibt also etwas Ewiges in den Menschen. Und das hilft dabei, uns zu öffnen, und deshalb ist Religion so wichtig. Weil Religion keine konventionelle Sache ist. Religion beantwortet die tiefsten Fragen des Menschen.

Lauren Southern: Wie würden Sie sagen, soll die junge Generation sich in einer Welt verhalten, die die Tradition verspottet, die über die Religion lacht und die nicht einmal vom Tod spricht?

Wie würden Sie der jungen Generation empfehlen, ihr Leben zu leben, wenn sie nicht Teil des Liberalismus sein will?

Alexander Dugin: Interessant! Eine sehr interessante Frage! Eine Vorbemerkung dazu. Die Revolte, oder die Revolution gegen den Konformismus vor 100 Jahren, war eine Art antibürgerlicher Nonkonformismus. Einschließlich vieler Perversionen, Enttäuschungen im persönlichen Leben, radikaler Erfahrungen mit Drogen und so weiter. All das war ein Teil des Nonkonformismus, weil die Mehrheit moralisch, protestantisch, bürgerlich, rational und berechnend war und ein sehr enges moralisches Verständnis hatte.

Aber in dem zurückliegenden Jahrhundert und vor allem in den frühen 1960er Jahren, gab es einen vollständigen Wandel. Die Mehrheit wurde pervers, mit Drogen, mit allen Arten von Ausschweifungen, mit Alkoholismus, irrational, und es entstand diese fast aufgelöste, „flüssige Gesellschaft" (Liquid Society). Sexuelle Minderheiten bilden jetzt fast die Mehrheit und so weiter.

Ich denke, heute Nonkonformist zu sein, würde also bedeuten, vernünftig, aufrecht, moralisch und religiös zu sein, genau das, was die Mehrheit der Gesellschaft vor 100 Jahren war. Heute ein Revolutionär zu sein, bedeutet, Normal zu sein. Weil Normalität heute bedeutet, pervers zu sein. Die Normalität ist total aufgelöst. Der Normalität zu folgen bedeutet heute: Matriarchat, Feminismus, LGBT, unglückliches vor sich hin Grübeln, Erfahrung mit Drogen haben und so weiter. Das ist normal und für die junge Generation fast obligatorisch.

Ich denke also, heute sieht die Revolution ganz anders aus. Wir müssen Nonkonformismus am anderen Pol finden. Konservativ zu sein ist am wenigsten konform. Es ist also eine revolutionäre Handlung, in einem alten Sinn Normal zu sein. Das ist fast schon eine Herausforderung für die Moderne.

Und zugleich denke ich, dass die junge Generation Philosophie studieren sollte. Ich denke, dass alles mit der Philosophie beginnt und endet. Doch die Philosophie wird nicht geschätzt, Philosophie ist jetzt marginalisiert. Dabei ist sie das Wichtigste! Ein Philosoph zu sein, ist fast dasselbe wie ein Mensch zu sein. Weil der wichtigste Unterschied zwischen Mensch und Tier das Gehirn ist, die Möglichkeit des Denkens. Und Philosophie ist kulturelles Denken, ist etwas, wo der Gedanke im Mittelpunkt steht. Das Wesen des Menschen wird hier also in den Mittelpunkt gestellt. Heute ist es üblich überhaupt nicht zu denken, und nicht unangepasst zu sein, und nicht gegen den Strom zu schwimmen.

(Die junge Generation) sollte von einer Neubewertung der Normen und Werte ausgehen. Es sollte also mit einer Neubewertung der Normen und der Werte begonnen werden. Die Werte der heutigen jungen Generation sollten vollständig umgekehrt sein.

Aber gleichzeitig könnten wir einige formale Werkzeuge benutzen. Genau das hat Arthur Moeller van den Bruck als konservative Revolution gesehen. Also nehmen wir die Werkzeuge und benutzen sie gegen die Feinde. Wie Arthur Moeller van den Bruck einmal sagte: Wir sollten uns der Revolution nicht widersetzen, wir sollten die Revolution führen und sie in die andere Richtung lenken. Wir sollten an der Spitze der anderen stehen, wir sollten einige Aspekte der Postmoderne nicht ablehnen. Wir sollten einige postmoderne Strategien als Werkzeug benutzen - das bedeutet: "Den Tiger zu reiten!" - sie aber auf ganz andere metaphysische Ziele ausrichten.

Wir sollten also die Post-Moderne wiederentdecken, uns ihr nicht wiedersetzen und sie nicht ablehnen. Ich denke, wir sollten eine neue Post-Moderne erschaffen, eine vor-moderne Post-Moderne, um die Post-Moderne mit der Kritik an der Moderne zu verbinden. Denn das Schlechte ist Moderne. Die Post-Moderne ist nur dann schlecht, wenn sie dieselbe Logik wie die Moderne fortführt. Wenn aber die Post-Moderne die Moderne kritisiert, dann ist das gut.

Wir könnten also diesen Teil der Kultur der jungen Generation gegen den Hauptfeind, den Geist der Moderne, einsetzen. Vor-Modern zu sein, sollte die neue Mode sein. Und das gibt es schon. Wir haben bereits einige Elemente davon. Z.B. das Interesse für Heiligkeit und für Religion, vielleicht nur für die negativen, dunklen Aspekte der Spiritualität. Aber so etwas gibt es schon als Moderescheinung bei jungen Menschen. Allerdings wird es unbewusst verwendet und wir könnten das bewusst nutzen. Wir könnten eine Art Ehe zwischen Post-Moderne und Vor-Moderne gegen die Moderne eingehen. Das ist wie Links und Rechts gegen das Zentrum.

Die Moderne wird durch den Liberalismus repräsentiert, also sollten wir den Liberalismus von Links aus und von Rechts aus überwinden. Oder wir gehen auf die innere, tiefere Ebene, bei der Überwindung von Rechts, würde ich sagen. Und wir sollten die Anthropologie und die Soziologie auf der linken Seite wiederentdecken, die viele Aspekte des menschlichen Verhaltens und der menschlichen Geschichte erklärt. Ich schlage das Buch des größten Soziologen, Louis Demont, vor, der brillante Forschungen darüber durchgeführt hat, was Individualismus und was Hierarchie in der traditionellen Gesellschaft bedeutet.

Lauren Southern: Das war ein faszinierendes Interview.